AF614601

DÉCLARATION

DU ROI,

Adressé à tous les FRANÇOIS, à sa sortie de Paris.

« TANT que le Roi a pu espérer voir renaître l'ordre et le bonheur du Royaume, par les moyens employés par l'Assemblée Nationale, et par sa résidence auprès de cette Assemblée dans la capitale du royaume, aucun sacrifice personnel ne lui a coûté; il n'auroit pas même argué de la nullité dont le défaut absolu de liberté entache toutes les démarches qu'il a faites depuis le mois d'Octobre 1789, si cet espoir eût été rempli : mais aujourd'hui que la seule récompense de tant de sacrifices est de voir la destruction de la royauté, de voir tous les pouvoirs méconnus, les propriétés violées, la sûreté des personnes mise par-tout en danger, les crimes rester impunis, et une anarchie complette s'établir au-dessus des lois, sans que l'apparence d'autorité que lui donne la nouvelle Constitution soit suffisante pour réparer un seul des maux qui affligent le royaume : le roi, après avoir solemnellement protesté contre tous les actes émanés de lui pendant sa captivité, croit devoir mettre sous les yeux des François et de tout l'Univers le tableau de sa conduite, et celui du gouvernement qui s'est établi dans le royaume.

» On a vu sa majesté au mois de juillet 1789, pour écarter tout sujet de défiance, renvoyer les troupes qu'elle n'avoit appelées auprès de sa personne, qu'après que les étincelles de révolte s'étoient déjà manifestées dans Paris et dans le régiment même de ses gardes ; le roi, sûr de sa conscience et de la droiture de ses intentions, n'a pas craint de venir seul parmi les citoyens armés de la capitale.

» Au mois d'octobre de la même année, le roi, prévenu depuis long-temps des mouvemens que les factieux cherchoient à exciter, fut, dans la journée du 5, averti assez à temps pour pouvoir se retirer où il l'eût voulu ; mais il craignit qu'on ne se servît de cette démarche pour allumer la guerre civile, et il aima mieux se sacrifier personnellement, et, ce qui étoit plus déchirant pour son cœur, mettre en danger la vie des personnes qui lui sont les plus chères. Tout le monde sait les événemens de la nuit du 6 octobre, et l'impunité qui les couvre depuis près de deux ans ; Dieu seul a empêché l'exécution des plus grands crimes, et a détourné de la nation françoise une tache qui auroit été ineffaçable.

» Le roi, cédant au vœu manifesté par l'armée des Parisiens, vint s'établir avec sa famille au château des Tuileries. Il y avoit plus de cent ans que les rois n'y avoient fait de résidence habituelle, excepté pendant la minorité de Louis XV. Rien n'étoit prêt pour recevoir le roi, et la disposition des appartemens est bien loin de procurer les commodités auxquelles sa majesté étoit accoutumée dans les autres maisons royales, et dont tout particulier qui a de l'aisance peut jouir. Malgré la contrainte qui avoit été apportée, et les incommodités de tout genre qui suivirent le changement de séjour du roi; fidèle au système de sacrifice que sa majesté s'étoit fait pour procurer la tranquillité publique, elle crut, dès le lendemain de son arrivée à Paris, devoir rassurer les provinces sur son séjour dans la capitale, et inviter l'Assemblée Nationale à se rapprocher de lui, en venant continuer ses travaux dans la même ville.

» Mais un sacrifice plus pénible étoit réservé au cœur de sa majesté; il fallut qu'elle éloignât d'elle ses gardes du-corps, de la fidélité desquels elle venoit d'avoir une preuve bien éclatante dans la funeste matinée du 6. Deux avoient péri victimes de leur attachement pour le roi et pour sa famille, et plusieurs encore avoient été blessés grièvement en exécutant strictement les ordres du roi, qui leur avoit défendu de tirer sur la multitude égarée. L'art des factieux a été bien grand pour faire envisager sous des couleurs si noires une troupe aussi fidèle, et qui venoit de mettre le comble à la bonne conduite qu'elle avoit toujours tenue. Mais ce n'étoit pas tant contre les gardes-du-corps que leurs intentions étoient dirigées, que contre le roi lui-même : on vouloit l'isoler entièrement, en le privant du service de ses gardes-du-corps dont on n'avoit pas pu égarer les esprits, comme on avoit réussi auprès de ceux du régiment des gardes-françoises, qui, peu de temps auparavant, étoient le modèle de l'armée.

» C'est aux soldats de ce même régiment, devenus troupe soldée par la ville de Paris, et aux gardes nationaux de cette même ville, que la garde du Roi a été confiée. Ces troupes sont entièrement sous les ordres de la Municipalité de Paris, dont le Commandant-général relève ; le Roi, gardé ainsi, s'est vu par-là prisonnier dans ses propres Etats ; car comment peut-on appeler autrement l'état d'un Roi qui ne commande que pour les choses de parade à sa garde, qui ne nomme à aucune des places, et qui est obligé de se voir entouré de plusieurs personnes dont il connoît les mauvaises intentions pour lui et pour sa famille. Ce n'est pas pour inculper la garde nationale parisienne et ses troupes du centre, que le roi relève ces faits ; c'est pour faire connoître l'exacte vérité : et, en la faisant connoître, il a rendu justice au zèle pour le bon ordre, et à l'attachement pour sa personne qu'en général cette troupe lui a montré, lorsque les esprits ont été laissés à eux-mêmes, et qu'ils n'ont pas été égarés par les clameurs et les mensonges des factieux.

» Mais plus le roi a fait de sacrifices pour le bonheur de ses peuples, plus les factieux ont travaillé pour en faire méconnoître le prix, et présenter la royauté sous les couleurs les plus fausses et les plus odieuses.

» La convocation des Etats-généraux, le doublement des députés du tiers-état, les peines que le roi a prises pour applanir toutes les difficultés qui pouvoient retarder l'Assemblée des Etats-généraux, et celles qui s'étoient élevées depuis leur ouverture, tous les retranchemens que le roi avoit faits sur sa dépense personnelle, tous les sacrifices qu'il a faits à ses peuples dans la séance du 23 juin; enfin la réunion des ordres, opérée par la manifestation du vœu du roi, mesure que sa majesté jugea alors indispensable pour l'activité des Etats-généraux: tous ses soins, toutes ses peines, toute sa générosité, tout son dévouement pour son peuple, tout a été méconnu, tout a été dénaturé.

» Lorsque les Etats-généraux s'étant donné le nom d'Assemblée nationale, ont commencé à s'occuper de la constitution du royaume, qu'on se rappelle les mémoires que les factieux ont eu l'adresse de faire venir de plusieurs provinces, et les mouvemens de Paris pour faire manquer les députés à une des principales clauses portées dans tous leurs cahiers, qui portoient que *la confection des lois se feroit de concert avec le roi.* Au mépris de cette clause, l'Assemblée a mis le roi tout-à-fait hors de la Constitution, en lui refusant le droit d'accorder ou de refuser sa sanction aux articles qu'elle regarde comme constitutionnels, en se réservant le droit de ranger dans cette classe ceux qu'elle juge à propos, et en restreignant sur ceux réputés purement législatifs la prérogative royale à un droit de suspension jusqu'à la troisième législature, droit purement illusoire, comme tant d'exemples ne le prouvent que trop.

» Que reste-il au Roi, autre chose que le vain simulacre de la royauté ? On lui a donné vingt-cinq millions pour les dépenses de sa liste civile, mais la splendeur de la maison qu'il doit entretenir pour faire honneur à la dignité de la couronne de France, et les charges qu'on a rejetées dessus, même depuis l'époque où ces fonds ont été réglés, doivent en absorber la totalité.

» On lui a laissé l'usufruit de quelques-uns des domaines de la couronne, avec plusieurs formes gênantes pour leur jouissance. Ces domaines ne sont qu'une petite partie de ceux que les rois ont possédés de toute ancienneté, et des patrimoines des ancêtres de sa majesté, qu'ils ont réunis à la couronne. On ne craint pas d'avancer que si tous ces objets étoient réunis, il dépasseroit de beaucoup les sommes allouées pour l'entretien du roi et de sa famille, et qu'alors il n'en coûteroit rien au peuple pour cette partie.

» Une remarque qui coûte à faire au roi, est l'attention qu'on a eue de séparer, dans les arrangemens sur la finance et toutes les autres parties, les services rendus au roi personnellement ou à l'État, comme si ces objets n'étoient pas vraiement inséparables, et que les services rendus à la personne du roi, ne l'étoient pas aussi à l'État.

» Qu'on examine ensuite les diverses parties du gouvernement: *la Justice*. Le roi n'a aucune participation à la confection des lois ; il a le simple droit d'empêcher jusqu'à la troisième législature sur les objets qui ne sont pas réputés constitutionels, et celui de prier l'Assemblée Nationale de s'occuper de tels ou tels objets, sans avoir le droit d'en faire la proposition formelle. La justice se rend au nom du roi, les provisions des juges sont expédiées par lui ; mais ce n'est qu'une affaire de forme, et le roi a seulement la nomination des commissaires du roi, places nouvellement créées, qui n'ont qu'une partie des attributions des anciens procureurs-généraux, et sont seulement destinés à faire maintenir l'exécution des formes : toute la partie publique est dévolue à un autre officier de justice. Ces commissaires sont à vie et non révocables, pendant que l'exercice de celles de juges ne doit durer que six années. Un des derniers décrets de l'Assemblée vient de priver le roi d'une des plus belles prérogatives attachées par-tout à la royauté : celle de faire grace et de commuer les peines. Quelque parfaites que soient les loix, il est impossible qu'elles prévoient tous les cas ; et ce sera alors les jurés qui auront véritablement le droit de faire grace, en appliquant suivant leur volonté le sens de la loi, quoique les apparences paroissent contraires. Combien d'ailleurs cette disposition ne diminue-t-elle pas la majesté royale aux yeux des peuples, étant accoutumés depuis si long-temps à recourir au roi dans leurs besoins et dans leurs peines, et à voir en lui le père commun qui pouvoit soulager leurs afflictions !

» *L'Administration intérieure.* Elle est toute entière dans les mains des départemens, des districts et des Municipalités, ressorts trop multipliés, qui nuisent au mouvement de la machine, et souvent peuvent se croiser. Tous ces corps sont élus par le peuple et ne ressortissent du gouvernement, d'après les décrets, que pour leur exécution ou pour ceux des ordres particuliers qui en sont la suite.

Ils n'ont, d'un côté aucune grace à attendre du gouvernement, et de l'autre les manières de punir ou de réprimer leurs fautes, comme elles sont établies par les décrets, ont des formes si compliquées, qu'il faudroit des cas bien extraordinaires pour pouvoir s'en servir; ce qui réduit à bien peu de chose la surveillance que les ministres doivent avoir sur eux. Ces corps ont d'ailleurs acquis peu de force et de considération. Les sociétés des amis de la Constitution (dont on parlera après), qui ne sont pas responsables, se trouvent bien plus fortes qu'eux, et par-là l'action du gouvernement devient nulle. Depuis leur établissement, on a vu plusieurs exemples que quelque bonne volonté qu'ils eussent pour maintenir le bon ordre, ils n'ont pas osé se servir des moyens que la loi leur donnoit, par la crainte du peuple poussé par d'autres instigations.

» Les corps électoraux, quoiqu'ils n'ayent aucune action par eux-mêmes, et soient restreints aux élections, ont une force réelle par leur masse, par leur durée biennale, et par la crainte naturelle aux hommes, et sur-tout à ceux qui n'ont pas d'état fixe, de déplaire à ceux qui peuvent servir ou nuire.

» La disposition des forces militaires est, par les décrets, dans la main du Roi. Il a été déclaré chef suprême de l'armée et de la marine. Mais tout le travail de formation de ces deux armes a été fait par les comités de l'Assemblée, sans la participation du Roi; tout, jusqu'au moindre réglement de discipline, a été fait par eux; et s'il reste au Roi le tiers ou le quart des nominations suivant les occasions, ce droit devient à-peu-près illusoire par les obstacles et les contrariétés sans nombre que chacun se permet contre les choix du Roi. On l'a vu encore obligé de refaire tout le travail des officiers-généraux de l'armée, parce que ces choix déplaisoient aux clubs: en cédant ainsi, Sa Majesté n'a pas voulu exposer d'honnêtes et braves militaires, et les exposer aux violences qui auroient sûrement été exercées contre eux, comme on n'en a vu que de trop fâcheux exemples. Les clubs et les corps administratifs se mêlent des détails intérieurs des troupes, qui doivent être absolument étrangers, même à ces derniers, qui n'ont que le droit de requérir la force publique lorsqu'ils pensent qu'il y a lieu à l'employer: ils se sont servis de ce droit, quelquefois même pour contrarier les dispositions du Gouvernement sur la distribution des Troupes; de manière qu'il est arrivé plusieurs fois qu'elles ne se trouvoient pas où elles devoient être. Ce n'est qu'aux clubs que l'on doit attribuer l'esprit de révolte contre les officiers et la discipline militaire, qui se répand dans beaucoup de régimens, et qui, si on n'y met ordre efficacement, sera la destruction de l'armée.

Que devient une armée quand elle n'a plus ni chefs ni discipline ? Au-lieu d'être la force et la sauvegarde d'un État, elle en devient alors la terreur et le fléau. Combien les soldats françois, quand ils auront les yeux désillés, ne rougiront-ils pas de leur conduite, et ne prendront-ils pas en horreur ceux qui ont perverti le bon esprit qui régnoit dans l'armée et la marine françoise ? Funestes dispositions que celles qui ont encouragé les soldats et les marins à fréquenter les clubs ! Le roi a toujours pensé que la loi doit être égale pour tous ; les officiers qui sont dans leur tort doivent être punis ; mais ils doivent l'être, comme les subalternes, suivant les dispositions établies par les lois et règlemens ; toutes les portes doivent être ouvertes pour que le mérite se montre et puisse avancer ; tout le bien-être qu'on peut donner aux soldats est juste et nécessaire, mais il ne peut y avoir d'armée sans officiers et sans discipline, et il n'y en aura jamais tant que les soldats se croiront en droit de juger la conduite de leurs chefs.

Affaires étrangères. La nomination aux places de ministres dans les cours étrangères a été réservée au roi, ainsi que la conduite des négociations ; mais la liberté du roi pour ces choix est tout aussi nulle que pour ceux des officiers de l'armée ; on en a vu l'exemple à la dernière nomination. La révision et la confirmation des traités, que s'est réservées l'Assemblée nationale, et la nomination d'un comité diplomatique détruisent absolument la seconde disposition. Le droit de faire la guerre ne seroit qu'un droit illusoire, parce qu'il faudroit être insensé pour qu'un roi, qui n'est ni ne veut être despote, allât, de but en blanc, attaquer un autre royaume, lorsque le vœu de sa Nation s'y opposeroit, et qu'elle n'accorderoit aucun subside pour la soutenir. Mais le droit de faire la paix est d'un tout autre genre. Le roi, qui ne fait qu'un avec toute la Nation, qui ne peut avoir d'autre intérêt que le sien, connoît ses droits, connoît ses besoins et ses ressources, et ne craint pas alors de prendre les engagemens qui lui paroissent propres à assurer son bonheur et sa tranquillité; mais quand il faudra que les conventions subissent la révision et la confirmation de l'Assemblée nationale, aucune puissance ne voudra prendre des engagemens qui peuvent être rompus par d'autres que par ceux avec qui elle contracte; et alors tous les pouvoirs se concentrent dans cette Assemblée: d'ailleurs, quelque franchise qu'on mette dans les négociations, est-il possible d'en confier le secret à une Assemblée dont les délibérations sont nécessairement publiques?

» *Finances.* Le roi avoit déclaré, bien avant la convocation des états-généraux, qu'il reconnoissoit dans les assemblées de la Nation le droit d'accorder des subsides, et qu'il ne vouloit plus imposer les peuples ſans leur consentement. Tous les cahiers des députés aux états-généraux s'étaient accordés à mettre le rétablissement des finances au premier rang des objets dont cette Assemblée devoit s'occuper; quelques-uns y avaient mis des restrictions pour des articles à faire décider préalablement. Le roi a levé les difficultés que ces reſtrictions auroient pu occaſionner, en allant au-devant lui-même, & accordant, dans la ſéance du 23 juin, tout ce qui avoit été déſiré. Le 4 février 1790, le roi a prié lui-même l'Assemblée de s'occuper efficacement d'un objet si important : elle ne s'en eſt occupée que tard, & d'une manière qui peut paroître imparfaite. Il n'y a point encore de tableau exactement fait des recettes & des dépenses, et des ressources qui peuvent combler le déficit; on s'est laissé aller à des calculs hypothétiques. L'Assemblée s'est pressée d'abolir les impôts dont la lourdeur à la vérité, pesoit beaucoup sur les peuples, mais qui donnoient des ressources assurées; elle les a remplacés par un impôt presque unique, dont la levée exacte sera peut-être très-difficile. Les contributions ordinaires sont à-présent très-arriérées, et la ressource extraordinaire des douze cents premiers millions d'Assignats est presque consommée. Les dépenses des Departemens de la Guerre et de la marine, au lieu d'être diminuées, sont augmentées, sans y comprendre les dépenses que des armemens nécessaires ont occasionnées dans le cours de la derniere année pour l'administration de ce Département ; les rouages en ont été fort mltipliés, en confiant les recettes aux administrations de districts. Le roi, qui le premier n'avoit pas craint de rendre publics les comptes de son administration des finances, et qui avoit montré la volonté que les comptes publics fussent établis comme une règle du gouvernement, a été rendu, si cela est possible, encore plus étranger à ce département qu'aux autres ; et les préventions, les jalousies et les récriminations contre le gouvernement, ont été encore plus répandues sur cet objet. Le règlement des fonds, le recouvrement des impositions, la répartition entre les départemens, les récompenses pour les services rendus ; tout a été ôté à l'inspection du roi : il ne lui reste que quelques serviles nominations, et pas même la distribution de quelques gratifications pour secourir les indigens. Le Roi connoît les difficultés de cette administration ; et s'il étoit possible que la machine du gouvernement pût aller sans sa surveillance directe sur la gestion des finances, sa majesté ne regretteroit que de ne pouvoir plus concourir par elle-même à établir un ordre stable qui pût faire parvenir à la diminution des impositions (objet qu'on sait bien que sa majesté a toujours vivement désiré, et qu'elle eût pu effectuer sans les dépenses de la guerre d'Amérique), et de n'avoir plus la distribution des secours pour le soulagement des malheureux.

» Enfin, par les décrets, le roi a été déclaré chef suprême de l'administration du royaume; d'autres décrets subséquens ont réglé l'organisation du ministère, de manière que le roi, que cela doit regarder plus directement, ne peut pourtant y rien changer sans de nouvelles décisions de l'Assemblée. Le systême des chefs du parti dominant a été si bien suivi, de jeter une telle méfiance sur tous les agens du gouvernement, qu'il devient presqu'impossible aujourd'hui de remplir les places de l'administration. Tout gouvernement ne peut pas marcher ni subsister sans une confiance réciproque entre les administrateurs et les administrés; et les derniers réglemens proposés à l'Assemblée Nationale sur les peines à infliger aux ministres ou agens du pouvoir exécutif, qui seroient prévaricateurs, ou seroient jugés avoir dépassé les limites de leur puissance, doivent faire naitre toutes sortes d'inquiétudes : ces dispositions pénales s'étendent même jusqu'aux subalternes; ce qui détruit toute subordination, les inférieurs, ne devant jamais juger les ordres des ſupérieurs qui sont responsables de ce qu'ils commandent. Ces réglemens, pour la multiplicité des précautions et des genres de délits qui y sont indiqués, ne tendent qu'à inspirer de la méfiance, au lieu de la confiance qui seroit si nécessaire.

» Cette forme de gouvernement, si vicieuse en elle-même, le devient encore plus par les causes.

1°. L'Assemblée, par le moyen de ses comités, excède à tout moment les bornes qu'elle s'est prescrite; elle s'occupe d'affaires qui tiennent uniquement à l'administration intérieure du royaume, et à celle de la justice, et cumule ainsi tous les pouvoirs; elle exerce même par son comité des Recherches un véritable despotisme plus barbare et plus insupportable qu'aucun de ceux dont l'histoire ait jamais fait mention. 2°. Il s'est établi dans presque toutes les villes, et même dans plusieurs bourgs et villages du royaume, des associations connues sous le nom des Amis de la Constitution: contre la teneur des décrets, elles n'en souffrent aucune autre qui ne soit pas affiliée avec elles; ce qui forme une immense corporation plus dangereuse qu'aucune de celles qui existoient auparavant. Sans y être autorisées, mais même au mépris de tous les décrets, elles délibèrent sur toutes les parties du gouvernement, correspondent entre elles sur tous les objets, sont et reçoivent des dénonciations, affichent des arrêtés, et ont pris une telle prépondérance, que tous les corps administratifs et judiciaires, sans en excepter l'Assemblée Nationale elle-même, obéissent presque tous à leurs ordres.

» Le

» Le Roi ne pense pas qu'il soit possible de gouverner un royaume d'une si grande étendue et d'une si grande importance que la France, par les moyens établis par l'Assemblée Nationale, tels qu'ils existent à présent. Sa majesté, en accordant à tous les décrets indistinctement une sanction qu'elle savoit bien ne pas pouvoir refuser, y a été déterminée par le desir d'éviter toute discussion que l'expérience lui avoit appris être au moins inutile; elle craignoit de plus qu'on ne pensât qu'elle voulût retarder ou faire manquer les travaux de l'Assemblée Nationale, à la réussite desquels la Nation prenoit un si grand intérêt; elle mettoit sa confiance dans les gens sages de cette Assemblée, qui reconnoissoient qu'il est plus aisé de détruire un gouvernement, que d'en reconstruire un sur des bases toutes différentes. Ils avoient plusieurs fois senti la nécessité, lors de la révision annoncée des décrets, de donner une force d'action et de réaction nécessaire à tout gouvernement; ils reconnoissoient aussi l'utilité d'inspirer pour ce gouvernement et pour les loix, qui doivent assurer la prospérité et l'état de chacun, une confiance telle qu'elle ramenât dans le Royaume tous les Citoyens que le mécontentement dans quelques-uns, et dans la plupart la crainte pour leur vie ou pour leurs propriétés, ont forcés de s'expatrier.

» Mais plus on voit l'Assemblée s'approcher du

terme de ses travaux, plus on voit les gens sages perdre leur crédit, plus les dispositions qui ne peuvent mettre que de la difficulté, et même de l'impossibilité dans la conduite du Gouvernement, et inspirer pour lui de la méfiance et de la fureur, augmentent tous les jours; les autres règlemens, au lieu de jeter un beaume salutaire sur les plaies qui saignent encore dans plusieurs Provinces, ne font qu'accroître les inquiétudes, et aigrir les mécontentemens. L'esprit des clubs domine et envahit tout; les mille journaux et pamphlets calomniateurs, incendiaires, qui se répandent journellement, ne sont que leurs échos, et préparent les esprits de la manière dont ils veulent les conduire. Jamais l'Assemblée nationale n'a osé remédier à cette licence, bien éloignée d'une vraie liberté; elle a perdu son crédit, et même la force dont elle auroit besoin pour revenir sur ses pas, et changer ce qui lui paroîtroit bon à être corrigé. On voit par l'esprit qui règne dans les clubs, et la manière dont ils s'emparent des nouvelles assemblées primaires, ce qu'on doit attendre d'eux; et s'ils laissent appercevoir quelques dispositions à revenir sur quelque chose, c'est pour détruire les restes de la royauté, et établir un gouvernement métaphysique et philosophique, impossible dans son exécution.

» François, est-ce là ce que vous entendiez en

envoyant des représentans à l'Assemblée nationale ? desiriez-vous que l'anarchie et le despotisme des clubs remplaçassent le gouvernement monarchique sous lequel la nation a prospéré pendant quatorze cents ans ? desiriez-vous voir votre roi comblé d'outrages, et privé de sa liberté, pendant qu'il ne s'occupoit que d'établir la vôtre ?

» L'amour pour ses rois est une des vertus des François, et sa majesté en a reçu personnellement des marques trop touchantes, pour pouvoir jamais les oublier. Les factieux sentoient bien que tant que cet amour subsisteroit, leur ouvrage ne pourroit jamais s'achever ; ils sentirent également que pour l'affoiblir, il falloit, s'il étoit possible, anéantir le respect qui l'a toujours accompagné ; et c'est la source des outrages que le roi a reçus depuis deux ans, et de tous les maux qu'il a soufferts. Sa majesté n'en retraceroit pas ici l'affligeant tableau, si elle ne vouloit faire connoître à ses fidèles sujets l'esprit de ces factieux qui déchirent le sein de leur patrie, en feignant de vouloir la régénérer.

» Ils profitèrent d'abord de l'espèce d'enthousiasme où l'on étoit pour M. Necker, pour lui procurer sous les yeux mêmes du roi un triomphe d'autant plus éclatant, que dans le même instant les gens qu'ils avoient soudoyés pour cela, affectèrent de ne faire aucune attention à la présence du roi. Enhardis par ce premier essai, ils osèrent, dès le lendemain, à Versailles, faire insulter M. l'archevêque de Paris, le poursuivre à coups de pierres, et metre sa vie dans le plus grand danger. Lorsque l'insurrection éclata dans Paris, un courier que le roi avoit envoyé fut arrêté publiquement, fouillé, et les lettres du roi même furent ouvertes. Pendant ce temps, l'Assemblée nationale sembloit insulter à la douleur de sa majesté, en ne s'occupant qu'à combler de marques d'estime ces mêmes ministres dont le renvoi a servi de prétexte à l'insurrection, et que depuis elle n'a pas mieux traités pour cela. Le roi s'étant déterminé à aller porter de lui-même des paroles de paix dans la capitale, des gens apostés sur toute la route eurent grand soin d'empêcher ces cris de *vive le roi*, si naturels aux François; et les harangues qu'on lui fit, loin de porter l'expression de la reconnoissance, ne furent remplies que d'une ironie amère.

» Cependant l'on accoutumoit de plus en plus le peuple au mépris de la royauté et des loix : celui de Versailles essayoit de pendre deux housards à la grille du château, arrachoit un parricide au supplice, s'opposoit à l'envoi d'un détachement de chasseurs, destiné à maintenir le bon ordre; tandis qu'un énergumène faisoit publiquement au Palais-Royal la motion de venir enlever le roi et son fils, de les garder à Paris et d'enfermer la reine dans un couvent, et que cette

cette motion, au-lieu d'être rejetée avec l'indignation qu'elle auroit dû exciter, étoit applaudie. L'Assemblée, de son côté, non contente de dégrader la royauté par ses décrets, affectoit même du mépris pour la personne du roi, et recevoit d'une manière impossible de qualifier convenablement les observations du roi sur les décrets de la nuit des 4 et 5 août

» Enfin, arrivèrent les journées des 5 et 6 Octobre : le récit en seroit superflu, et sa majesté l'épargne à ses fidèles sujets ; mais elle ne peut pas s'empêcher de faire remarquer la conduite de l'Assemblée pendant ces horribles scènes. Loin de songer à les prévenir, ou du moins à les arrêter, elle resta tranquille, et se contenta de répondre à la motion de se transporter en corps chez le roi : que cela n'étoit pas de sa dignité.

» Depuis ce moment, presque tous les jours ont été marqués par de nouvelles scènes plus affligeantes les unes que les autres pour le Roi, ou par de nouvelles insultes qui lui ont été faites. A peine le Roi étoit-il aux Tuileries, qu'un innocent fut massacré, et sa tête promenée dans Paris, presque sous les yeux du Roi. Dans plusieurs provinces, ceux qui paroissoient attachés au Roi ou à sa personne, ont été persécutés ; plusieurs même ont perdu la vie, sans qu'il ait été possible au Roi de faire punir les assassins, ou même d'en témoigner sa sensibilité. Dans le jardin même des

Tuileries, tous les Députés qui ont parlé contre la royauté ou contre la religion (car les factieux, dans leur rage, n'ont pas plus respecté l'autel que le trône) ont reçu les honneurs du triomphe, pendant que ceux qui pensent différemment, y sont à tout moment insultés, et leur vie même continuellement menacée.

» A la fédération du 14 Juillet 1790, l'Assemblée, en nommant le roi, par un Décret spécial, pour en être le chef, s'est montrée par-là penser qu'elle auroit pu en nommer un autre. A cette même cérémonie, malgré la demande du roi, la famille royale a été placée dans un endroit séparé de celui qu'il occupoit : chose inouie jusqu'à présent ; (c'est pendant cette fédération que le roi a passé les momens les plus doux de son séjour à Paris. Elle s'arrête avec complaisance sur le souvenir des témoignages d'attachement et d'amour que lui ont donnés les gardes nationaux de toute la France, rassemblés pour cette cérémonie.)

» Les ministres du roi, ces mêmes ministres que l'Assemblée avoit forcé le roi de rappeler, ou dont elle avoit applaudi la nomination, ont été contraints, à force d'insultes et de menaces, à quitter leurs places, excepté un.

» Mesdames, tantes du roi, et qui étoient restées constamment près de lui, déterminées par un motif de religion, ayant voulu se rendre à Rome, les factieux n'ont pas voulu leur laisser la liberté qui appartient à toute personne, et qui est établie par la Déclaration des droits de l'homme. Une troupe, poussée par eux, s'est portée vers Bellevue pour arrêter mesdames ; le coup ayant été manqué par leur prompt départ, les factieux ne se sont pas déconcertés ; ils se sont portés chez MONSIEUR, sous prétexte qu'il vouloit suivre l'exemple de mesdames ; et quoiqu'ils n'ayent recueilli de cette démarche que le plaisir de lui faire une insulte, elle n'a pas été tout-à-fait perdue pour leur systême. Cependant, n'ayant pu faire arrêter mesdames à Bellevue, ils ont trouvé le moyen de les faire arrêter à Arnai-le-Duc, et il a fallu des ordres de l'Assemblée Nationale pour leur laisser continuer leur route, ceux du roi ayant été méprisés.

» A peine la nouvelle de cette arrestation fut-elle arrivée à Paris, qu'ils ont essayé de faire approuver par l'Assemblée Nationale cette violation de toute liberté ; mais leur coup ayant été manqué, ils ont excité un soulèvement pour contraindre le roi à faire revenir mesdames : mais la bonne conduite de la Garde Nationale (dont elle s'est empressée de lui témoigner sa satisfaction) ayant dissipé l'attroupement, ils eurent recours à d'autres moyens. Il ne leur avoit pas été difficile d'observer qu'au moindre mouvement qui se faisoit sentir, une grande quantité de fidèles sujets se rendoient aux Tuileries, et formoient une espèce de bataillon capable d'en imposer aux mal-intentionnés; ils excitèrent une émeute à Vincennes, et firent courir, à dessein, le bruit qu'on se serviroit de cette occasion pour se porter aux Tuileries, afin que les défenseurs du roi pussent se rassembler comme ils l'avoient déjà fait, et qu'on pût dénaturer les intentions aux yeux de la Garde Nationale, en leur prêtant les projets des forfaits mêmes contre lesquels ils s'armoient. Ils réussirent si bien à aigrir les esprits, que le roi eut la douleur de voir maltraiter sous ses yeux, sans pouvoir les défendre, ceux qui lui donnoient les plus touchantes preuves de leur attachement. Ce fut en vain que sa majesté leur demanda elle-même les armes qu'on leur avoit rendues suspectes. Ce fut en vain qu'ils lui donnèrent cette dernière marque de leur dévouement; rien ne put ramener ces esprits égarés, qui poussèrent l'audace jusqu'à se faire livrer, et briser même ces armes, dont le roi s'étoit rendu dépositaire.

» Cependant le roi, après avoir été malade, se disposoit à profiter des beaux jours du printemps pour aller à Saint-Cloud, comme il y avoit été, l'année dernière, une partie de l'été et de l'automne. Comme ce voyage tomboit dans la semaine-sainte, on osa se servir de l'attachement connu du roi pour la religion de ses pères, pour animer les esprits contre lui; et dès le Dimanche au soir, le club des Cordeliers se permit de faire afficher un arrêté, dans lequel le roi lui-même est dénoncé comme réfractaire à la Loi. Le lendemain sa majesté monte en voiture pour partir, mais arrivée à la porte des Tuileries, une foule de peuple parut vouloir s'opposer à son passage; et c'est bien avec de la peine qu'on doit dire ici, que la garde nationale, loin de réprimer les séditieux, se joignit à eux et arrêta elle-même les chevaux. En vain, M. de la Fayette fit-il tout ce qu'il put pour faire comprendre à cette garde l'horreur de la conduite qu'elle tenoit, rien ne put reussir; les discours les plus insolens, les motions les plus abominables retentissoient aux oreilles de sa majesté; les personnes de sa maison qui se trouvoient là, s'empressèrent de lui faire au moins un rempart de leur corps, si les intentions qu'on ne manifestoit que trop venoient à s'exécuter; mais il falloit que le roi bût le calice jusqu'à la lie; ses fidèles serviteurs lui furent encore arrachés avec violence; enfin, après avoir enduré pendant une heure trois quarts tous ces outrages, sa majesté fut contrainte de rester et de rentrer dans sa prison : car, après cela, on ne sauroit appeler autrement son palais. Son premier soin fut d'envoyer chercher le directoire du Département, chargé par état de veiller à la tranquillité et à la sûreté publique, et de l'instruire de ce qui venoit de se passer. Le lendemain elle se rendit elle-même à l'Assemblée nationale pour lui faire sentir combien cet événement étoit contraire même à la nouvelle

Constitution ; de nouvelles insultes furent tout le fruit que le roi retira de ces deux démarches. Il fut obligé de consentir à l'éloignement de sa chapelle et de la plupart de ses grands - officiers, et d'approuver la lettre que son ministre a écrite en son nom aux cours étrangères ; enfin d'assister, le jour de Pâques, à la messe du nouveau curé de St. Germain-l'Auxerrois.

» D'après tous ces motifs et l'impossibilité où le roi se trouve d'opérer le bien et d'empêcher le mal qui se commet, est-il étonnant que le roi ait cherché à recouvrer sa liberté et à se mettre en sûreté avec sa famille ?

» François, et vous sur-tout Parisiens, vous habitans d'une ville que les ancêtres de sa majesté se plaisoient à appeler la bonne ville de Paris, méfiez-vous des suggestions et des mensonges de vos faux amis ; revenez à votre roi ; il sera toujours votre père, votre meilleur ami : quel plaisir n'aura-t-il pas à oublier toutes ses injures personnelles, et de se revoir au milieu de vous, lorsqu'une Constitution, qu'il aura acceptée librement, fera que notre sainte religion sera respectée, que le gouvernement sera établi sur un pied stable, et que par son action, les biens et l'état de chacun ne seront plus troublés, que les lois ne seront plus enfreintes impunément, et qu'enfin la liberté sera posée sur des bases fermes et inébranlables.

» A Paris, le 20 juin 1791, Louis. »

« Le roi défend à ses ministres de signer aucun ordre en son nom jusqu'à ce qu'ils ayent reçu ses ordres ultérieurs ; il enjoint au garde du sceau de l'État, de le lui renvoyer d'abord qu'il en sera requis de sa part.

» A Paris, le 20 juin 1791, *Signé* Louis. »

A PARIS, CHEZ BAUDOUIN.

www.ingramcontent.com/pod-product-compliance
Ingram Content Group UK Ltd.
Pitfield, Milton Keynes, MK11 3LW, UK
UKHW021929190726
13853UKWH00002B/932

9 782329 583402